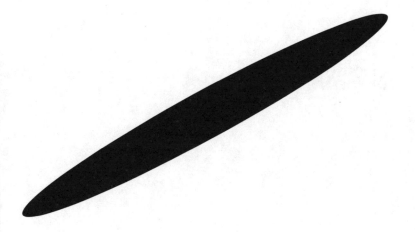

**CÍRCULO
DE POEMAS**

A língua nômade

Diogo Cardoso

Gênesis

pende a cabeça de deus
enforcada sobre a beleza

escorrem em si rútilas pétalas
adornando a carne como árvores antigas

a beleza canta seu engenho sob o sangue
decantando toda a criação estrangulada

a beleza inaugura o nome
encerrando nas urnas alfabetos proibidos

o nome brota na insígnia assassina
a garganta esfolada de deus

Paisagem e pântanos

I

AMEI O PORCO guardado nos olhos da mulher. Era janeiro e a nascente de tudo era fora das chuvas. Amei o porco e ele amava a traça no homem em mim. Vivíamos de desespero e água, e o esquecimento nutria a fome. Era janeiro e como não haveria de ser se o sol queimava as águas guardadas no verão? Era um rosto num olhar e ao novo já era outro o mesmo rosto. E eu era traça, pulga, ranúnculos e fibras. E ainda assim, água, amei o porco nos olhos da mulher guardado.

II

POR DUAS VEZES GRITEI e o que saía de minha boca eram raízes extremas. Duas vezes, não mais que duas. Da primeira, sete aves visitaram-me os lábios e, com a certeza de quem assassina, comi-as todas. Farto, sentei as raízes em minha desolação. Não podia mais ser grito, não podia — queria apenas o silêncio perpétuo dos ânus venais. Isso foi há muito tempo, quando ainda os deuses nasciam com os pés atados à terra e as árvores eram tecidas de carnes mortas infantis. Da segunda, padeço ainda hoje das raízes saídas do sexo e do sonho impossível dos voos de pássaros dos quais sinto toda a fome.

III

OS CARANGUEJOS sangraram a perna do homem que sem esperanças adiava a fome. Tudo era um só lodaçal vermelho com cheiro de morte e frutos do mar. Os filhos choravam o tempero da lama, e os olhos umidamente amolecidos do pai pediam perdão. Era uma tarde de horizonte rubro, e gralhas estridentes animavam o céu. Enquanto o homem padecia nas profundezas do lodo, sob a crueldade móvel de exoesqueletos, as crianças, obedientes, viravam as costas e de cabeças humildemente baixas tomavam o rumo de volta ao exílio.

IV

ELE COMIA SABUGOS mortos na estrada. Em sua imundície, ele mastigava aquela matéria seca e árida de areia e saliva. Um coelho, puro e limpo em sua brancura, prostra-se indiferente ao lado daquela podridão humana. O homem, diante da bola branca pulsante, tomado por uma compaixão quase satânica, oferece-lhe um de seus sabugos. O bicho indiferente distancia-se num salto, sutil pluma de galinha que reza. O homem sente-se ultrajado, diminuído à última unha que lhe resta nos dedos, a cada sabugo morto caído sobre a terra. Num rompante, certo de sua miséria, exato em sua redenção, o homem consome a pureza no coelho com uma mordida certeira que lhe parte cabeça e corpo.

V

UM PEIXE nada em todo o esquecimento. De que lodo é matéria a memória?

amo os nomes com que canto a vida e seu norte:
agora sou um homem sentado sobre o fogo
    que arde a rosa e que dança o vento que a
        [queima
   e abate tudo o que não seja rubro

os nomes são segredos deitados no espinho da terra
   cravados sem norte no único lugar onde a maré se
      [chama silêncio

nas areias incandescentes do verbo
   uma só palavra é capaz de desfazer o céu em dois
   virar o mundo de cabeça para os pés
     num horizonte onde a razão perde os sentidos
e tudo o que há de verdadeiro e vivo
     encerra-se como uma urna nesse único nome
      [cravado na boca
   e se oferece aos sentidos daqueles
   cujo corpo perdeu todos os nomes
     restando apenas
nada mais que a inocência

O *amor e seus remédios*

gostaria de dizer
bem lá dentro do teu nome
o amor e seus remédios

e o sal na ferida maliciosamente curtido
jogado no alto do dia
te dissesse as palavras caladas nos espaços
entre língua e mágoa

apenas nomes dizendo adeus na vidraça
escorrendo de teu rosto quando a água percute
os ecos de conchas esquecidas na areia
dentro das tuas pequenas pálpebras
solitárias debaixo da noite

eu te diria quente
letra a letra em tua boca
os sete segredos tramados nos véus da tua última inocência
em cada um dos linhos que perfazem a tua pele de pedra
[e pouco

a tua pele de dias amanhecidos sem neblina

hoje é outro o nome que me guarda no amor
e que tanto gostava de guardar teu nome

apenas palavras

estilhaçadas no vento e que me cobrem quando parto
e a nuca se faz toda paisagem a se mirar por fora
destes círculos cravados em teu rosto

de grão em grão
        se esvaem de corpo
              a nada

*bajo las rodillas
la huida sigue sola en la boca
callada de arena y voz*

*bajo las rodillas
todas las palabras tartamudean
en las tijeras de viento y marea*

*bajo las rodillas
las plegarias son cenizas
que sangran el nombre*

*bajo las rodillas
los nombres son asesinos
que rezan sus muertos*

*bajo las rodillas
todas las voces dicen
lo que nadie dijera nunca*

*bajo las rodillas
la herida es de hierro y agua*

*y huesos. si así los quiera
— los de allá del cuerpo.*

A *língua nômade*

se eu falasse a língua dos atravessadores de desertos
se eu falasse toda a areia caída de seus ombros
se eu falasse ainda a paisagem árida de seus dentes
a paisagem pura dos animais esfaimados
se eu falasse os animais assentados na saliva seca
se eu falasse de dentro da sede dos que morrem sob a lua
se eu falasse os dias habitados na pele da serpente
encerrados nas urnas que guardam as faltas todas
se eu falasse as estrelas pendidas nas pontas dos dedos
se eu falasse o sangue sustentado na costela ausente
se eu falasse a mulher o homem a criança e o centro da adaga
se eu falasse as falésias mudas pendidas na garganta
se eu falasse a voz das flores de sua saia
fazendo ventos em meu desejo
se eu falasse voz corpo o que quer que seja
se eu falasse a delicadeza deitada no mês de julho
se eu falasse as flores cobertas de fogo
se eu falasse os acentos inaugurais de um sorriso
se eu falasse o nome guardado em mim esta noite
se eu falasse
se eu falasse a verdadeira letra que iniciasse o verbo
se eu falasse os números quebrados em teus lábios rotos
se eu falasse o sim o não o nunca o agora
se eu falasse então isso assim lá onde
se eu falasse quando
se eu falasse quente o segredo da sopa
se eu falasse a mágoa acesa nos joelhos
se eu falasse as pedras que choram o chão
se eu falasse durma a grama de seu azul turbante

se eu falasse irilisili
se eu falasse anijiriraã
pisiriliá irujna keresê
khraô sirilitili keresaranaã
se eu falasse

se eu falasse

há os homens antigos que constroem casas,
que operam não somente sobre o corpo,
mas também nas virtudes e nos sentidos da pedra.
mãos artífices conduzindo para a conformidade microcósmica
o conhecimento do céu e das esferas — lúcifer
excita todas as guerras internas
ao se elevar ao céu por seu próprio orgulho
torres, línguas, ou mesmo as próprias mãos,
eloás ao vento.

nada foge à mão dos homens,
fogo roubado, guardado ao centro das *plegarias*,
que se revela na voz quando se move o maracá.

a mão dos homens sustenta o azul enquanto entoam
eyõhendijiriniaaã.
a alma dos defuntos conduz a obra, rótulas incendiárias,
como a coluna de ossos sentada.
coisas ausentes e futuras
eloá ehín
amaô, eresihí
ahô, ahô

argamassa celestial, fixando memória. isto,
diz a mão, e isto e aquilo — designa.
casa és — e assim seja.
agora, mesa — e assim o é.

feita a tua vontade.

tudo a mão revela, tudo.

soa o som, as vozes
amaá serejideô
ahmán
ahmán

Assim, nenhuma coisa que esteja escondida deixará de
[ser revelada,
fazendo com que aquele que procura o primeiro lugar
seja também procurado no último.

AHMÁN!

Tungurahua sonha

para Ayelén Medail

olhar a tarde caída longe de tua pele
guarda em mim o mesmo espanto de quando desperto
e testemunho teu sono curvo aberto em sete horizontes

e nele você dança pelas ruas de montevidéu
e todos os teus movimentos percutem em cada pele de tambor
que agora querem dançar teus gestos

teus olhos desfiando história pela américa adentro
todo um continente contido em tua bolsa e lábios
— alguns países carregados em tuas pernas

tua dádiva oferece-me 37 línguas de que tento em vão
servir-me para soletrar teu nome

teus olhos dormidos me revelam os sonhos guardados em teu
                                                    [sorriso,
um mundo para ser descascado à unha
com a minúcia de quem conserta um relógio de bolso

e porque a tarde cai, a tua pele se ilumina dentro do sono
— a tarde longe de tua pele
e onde, desperto, testemunho a aparição dos teus sonhos

Em teus olhos

Porque nos teus olhos há um negrume

Porque neles minha nudez não se incomoda em ser solta
Neles, minha nudez até dança o desejo que música nenhuma
[nunca soube
Porque o segredo dos sons que habita neles gosta de morar
[em meu corpo

E meu corpo gosta de morar 122 dias e mais tantos dentro
[do teu

Porque nos teus olhos posso ficar azul
Porque neles posso ficar três sóis arrependidos
Neles, as nuvens podem cair suaves em minha boca

E minha boca dormir em teu ventre

Porque os teus olhos me acolhem quando estou luzindo
Porque me acalantam quando estou escuro
Eles querem me guardar lá no final de suas eternidades
Onde sorrindo morrerei

Esquadros

não fosse essa árvore —
 oferecendo-se fresca e espessa
  a dentes brancos esfaimados
assim libidinosa e dissidente —
 aberta em pássaros a toda sorte
  e voos, cores e esferas
malhada pela chuva —
 folhas rombudas escorrendo cobiça
  telha escarlate em aspiração morna
 — a quase violência de teus cabelos depois do
                [banho —
talvez meus braços —
 alça imersa sobre a murada
   ao encontro desse outro mundo
  que é teu nome travado em minha glote
   e que também é você
para além da janela —
 cômodo oco desse incêndio fora
 novamente sem portar esse olhar manco sem leste
                [ou oeste
 não ainda um corpo onde tudo é ausência
  — talvez e apenas exilado desse quadro
                [oblíquo e só assim
pudessem alcançá-la —

seus cabelos de cavalos soltos
galgando montanha abaixo
são o norte em que me fixo e aqueço

seu nome ainda em mim

perdurando o desejo de habitar
no mormaço dos teus fios

o cheiro de *cabelo quente e telha molhada*
acende a saudade que sinto de me aninhar
em teu peito que guarda minha inocência

nana, nena

teu nome três vezes
em minha vida

para que volte inteira e outra

assim como eu
inteiro e outro

olho no olho
quando nos dissemos:
hello, stranger

Estou aqui

para Pri Del Claro

Não pude conter as pedras caídas de teus olhos, querida amiga, tampouco pude evitar de me ferir com suas quedas impassíveis. Tua carne sem pele no rosto intimidou minha ternura e sem peito que te guarde era impossível fechar-te num abraço. A dor que era tua agora pertence a mim, e contigo sofro, almas siamesas. Estou ao teu lado carregando essa mesma dor que carrega, aguentando-a por ruas inteiras sem meio-fio e asfalto, desajeitados com este elefante informe por entre os braços sem limites. Estou aqui, tropeçando em tuas pedras que não param de calar, com teu rosto em carne viva, com tua dor levada aos joelhos, com o que é teu e que agora é meu também

— estou aqui.

porque não há mais janelas no mundo
que me levem a teu nome
tudo em mim emudece
desde as mãos aos males
até a urna que me vela tua boca

porque não há mais janelas no mundo
que me levem a teu nome
meu corpo faz avesso
e as vontades todas
suicidam-se de meu peito

porque não há mais janelas no mundo
que me levem a teu nome
talvez eu até renasça em outro pântano
onde todo o amor
é signo movediço

talvez renasça em minha morte
um corte sem letra que comer
talvez um grito
um norte
— sai morte, que estou forte

carne aflita

entre o arco e a prata
que me mata o músculo pulsante
que pensa percussivamente
a flecha que me trafega

talvez
porque não há mais janelas no mundo
eu me decomponha cego e corpo
em teu nome

Felicidade

esta noite eu tive um sonho

seu corpo saía do meu
como uma cadela ressurrecta

saía de mim como um rabo
feliz em minha inocência canina

saía como quatro patas ciscando
chão de areia fixa

fora de mim, velava meu corpo
(onde eu estava?)

teu nome não me dizia nada
o seu latido guardava o meu em segredo

o cio a deixava inquieta
suspensa entre quatro dentes

meu corpo — uma massa fixa
sem qualquer resposta

um sonho apenas

você sorria de rabo solto
sentada na relva feito quem

abro os olhos
corpo ausente

continuo rindo — desperto —
rabo solto sem relva

Hileia

para Juliana e Alício

de dentro de um templo todo erguido de vidro espelhado, os funcionários do escritório olham para fora perplexos. há um gavião pousado no edifício vizinho, também circundado por espelhos. acima da cabeça do bicho, uma nuvem espessa e escura se aproxima. a floresta envia sua mensagem

o gavião é seu mensageiro

— asas de borboleta anunciando o caos.

Le sommeil du poète

nesses tempos —
assim como SEMPRE
uns contra os outros
os outros contra os uns

parte dos outros sustentando os uns
outros sustentando outros
que um dia hão de ser uns

e raros — aqueles que sonham TODOS
rabiscando papéis noite afora

grafando obsessivamente a palavra UTOPIA

Les champs automatiques

para os cúmplices do grupo DeCollage

nadar no tecido vivo que emoldura a cabeça que se eleva
sobre o branco refletido na torre decapitada

fluidos crescentes que escorrem tesoura
[abaixo
cabelos em cascata da medusa emudecida
[diante do espelho
lodaçal aberto sobre a boca colada na vitrine
[de páginas incandescentes

vidro retrógrado
esbravejando relâmpagos sobre nuvens

qual é o nome do desejo escondido nos ponteiros do umbral
[onde a luz emerge líquida?

os nomes baixam feito apocalipse pelas mãos que encaram
[imponentes
a ignorância dos homens sentados
— decifra-me ou eu te enforco!

as asas abertas são canhões apontados para a melancolia
onde o monstro relampeja as cores de aves noturnas
silogismo do naufrágio em dia de
[chuva quente
delicadeza dos que morrem em pé
[debaixo da neblina

e se uma serpente voasse sob o asfalto carregando,
[diante de seus olhos,
o que se converteria dentro da realidade no
[próprio ouro do tempo?

récif, étoile — image

o fio oblíquo da navalha selando nos olhos
o segredo magnético do que se esconde
em carne viva
nos campos abertos do que impunes chamamos

O REAL

Meditação

com o pensamento em Ayelén Medail

o que eu queria agora
era ter o meu nome inteiro
encerrado no meio de tuas nádegas mornas

lugar onde a flatulência
soletra cega o meu desejo vadio

cada prega do teu cu sussurrando lentamente
a direção em que me perco e onde somos

beijar teu cu tua boca
ou mesmo os teus seios

mucosas siamesas em que me ergo
sob o sol desse céu de luz errante
que carrego comigo o seu último segredo

três palavras ditas
intimidade dentro de tuas duas coxas duras

e a eternidade se deita em meu peito

e a paz enfim pode jorrar noturna
feito caralho aberto
no centro de tua cona

onde alado medito

OHM!

eu te procuro
e meus dedos perscrutam o escuro
querendo tocar o teu nome

te procuro
e no vão da noite tudo o que eu tenho
é o eco que sopra o teu sorriso

à noite os teus cabelos
indicam o meu norte
e o vento me carrega até o centro de teu segredo

procuro
procuro

e os fios negros,
sibilas em tua cabeça,
sempre indicam uma única direção
          cujos passos dançam
          sem rumo

até o sumo que me guia
certo
ao centro de tua boca.

Necrológio

e justo pelo cu foi pego e
tua virilidade, o medo de perdê-la,
o matou.

e que o cu era sagrado,
e que era um lugar de jejum e solidão.
e que era frescura e que podia matar quem o tocasse.

e agora?

um câncer no cu te assola e quem irá tocar a tua alma?
antes te tocassem o cu
e estava a salvo
e viril
e homem e sempre.

hoje é outro o teu medo,
ontem o cu agora a morte.

e a morte te levará
o cu e o medo
e do que fica nem sequer falta te fará.

te fincassem antes no cu o dedo
e tudo já estava.

ironia,
teus cunhados morressem, os frescos,

do que agora te mata.

Os 400 galopes

> *Hay golpes en la vida, tan fuertes...*
> *Yo no sé.*
>
> César Vallejo

dia a dia,
a galopes brandos
os cavalos negros avançam

devastam toda a paisagem
erguida a ferro, suor e fogo
mão a mão
com seus cascos antigos

eles vêm de longe
de um lugar onde sempre estiveram
para restituir a saque
o que julgam seu por direito

os galopes são muitos
fortes
pesam o ar de poeira e urnas
e ouvidos surdos que os ouçam

as mãos são conduzidas pelo canto
e trabalham a terra orgulhosas de sua fartura
seguras de sua prosperidade

os galopes avançam em direção ao canto
que ascende altivo ouvido e ar
contra tudo que lhe seja ameaça

os galopes agora são golpes

cascos sobre costas
coices e cabeças
ocupam o ar tingindo toda a atmosfera em vermelho

e todo o canto que se ouve
único possível em toda a paisagem
carrega em sua harmonia
a palavra

MORTE

Regresso

Uma janela se abre ao sol
nos seus olhos quentes
pele de luz azul e leite

são duas as letras que simulam teu nome

e o amarelo do fruto
hoje anuncia o retorno
à cidade há muito abandonada

todas as ruas serpenteiam na memória
e no final de cada caminho
é sempre o seu nome que espero

talvez sua voz
em algum nome dentro de dezembro
ouse novamente mirar-me nos olhos
e, em janeiro, outra pupila,
guardaremos o abraço exilado que adiamos
para dentro de nosso amor

Rêverie

para Ana de Jazus

Ela desperta.
Ela desperta como se sol fosse.
Como se sol fosse, ela abre os olhos.

Ela abre os olhos como se sol fosse,
e como numa manhã da véspera do antepenúltimo dia
[de julho
doze flores crescem em teus olhos.

As corolas acenam para o sol, como se manhã fosse num
[final de julho.

No final de julho, como se sol fosse, ela caminha com
[olhos floridos
como se uma manhã despertasse em sua véspera.
As corolas acenando o sol saíam de seus olhos em julho
[de uma manhã.

Seis flores de cada lado, em cada um dos olhos, com um
[sorriso no meio,
como se julho fosse.

Como se manhã fosse
ela caminha para o sol na véspera do antepenúltimo dia
[do mês de julho.
Ela desperta, como se o sol acenasse para as doze flores.
Desperta como se manhã fosse.

Ela caminha diariamente sobre todos os dias do mês
[de julho.

Com doze flores nos olhos e um sorriso no meio,
ela acena julho sobre a véspera da manhã.
Ela acena como quem desperta flores nos olhos.
Doze. Seis de cada lado —
e uma manhã divisando o sorriso.

Como quem sorri ela desperta o sol acenando corolas
[para o sorriso.
Ela acena como quem sorri e sua manhã desperta doze
[flores,
seis em cada manhã da véspera do penúltimo dia do mês
[de julho.

Como quem amanhece, ela desperta o sol com doze flores,
seis em cada um dos olhos,
acenando para mim, para você, para tudo o que é vivo e
[véspera,

— Dança de asas entre ar e sol e julho e véspera.

O fim

para Claudio Willer

então é assim quando tudo acaba:
olhar o mar insistentemente
sem sequer consumir o início de seu excesso.

olhar duas
    quatro
    cem mil vezes

e tudo sempre é tão pouco.
    sempre o mesmo e único
    grito dançando águas sem margem.

as palavras mesmas restam estéreis
acenando nos ossos insistentemente
o seu feitiço de verbo.

Copyright © 2025 Diogo Cardoso

Todos os direitos reservados. Nenhuma parte desta obra pode ser reproduzida, arquivada ou transmitida de nenhuma forma ou por nenhum meio sem a permissão expressa e por escrito da Editora Fósforo.

DIREÇÃO EDITORIAL Fernanda Diamant e Rita Mattar
COORDENAÇÃO DA COLEÇÃO E EDIÇÃO Tarso de Melo
COORDENAÇÃO EDITORIAL Juliana de A. Rodrigues
ASSISTENTE EDITORIAL Millena Machado
REVISÃO Eduardo Russo
DIRETORA DE ARTE Julia Monteiro
IMAGEM DE CAPA Ameli Jannarelli, *A caminho do abismo o vento pronuncia seu nome* (collage, 2024)
PROJETO GRÁFICO Alles Blau
EDITORAÇÃO ELETRÔNICA Página Viva

CIP-BRASIL. CATALOGAÇÃO NA PUBLICAÇÃO
SINDICATO NACIONAL DOS EDITORES DE LIVROS, RJ

C261L

Cardoso, Diogo
  A língua nômade / Diogo Cardoso — 1. ed. — São Paulo : Círculo de Poemas, 2025.

  ISBN: 978-65-6139-063-7

  1. Poesia brasileira. I. Título.

24-95516

CDD: 869.1
CDU: 82-1(81)

Gabriela Faray Ferreira Lopes — Bibliotecária — CRB-7/6643

circulodepoemas.com.br
fosforoeditora.com.br

Editora Fósforo
Rua 24 de Maio, 270/276, 10º andar
01041-001 — São Paulo/SP — Brasil

A marca FSC® é a garantia de que a madeira utilizada na fabricação do papel deste livro provém de florestas gerenciadas de maneira ambientalmente correta, socialmente justa e economicamente viável e de outras fontes de origem controlada.

CÍRCULO DE POEMAS

O **Círculo de Poemas** é a coleção de poesia da Editora Fósforo que também funciona como clube de assinaturas. Seu catálogo é composto por grandes autores brasileiros e estrangeiros, contemporâneos e clássicos, além de novas vozes e resgates de obras importantes. Os assinantes do clube recebem dois livros por mês — e dão um apoio fundamental para a coleção. Veja nossos últimos lançamentos:

LIVROS

Poema do desaparecimento. Laura Liuzzi.
Cancioneiro geral [1962-2023]. José Carlos Capinan.
Geografia íntima do deserto e outras paisagens reunidas. Micheliny Verunschk.
Quadril & Queda. Bianca Gonçalves.
A água veio do Sol, disse o breu. Marcelo Ariel.
Poemas em coletânea. Jon Fosse (trad. Leonardo Pinto Silva).
Destinatário desconhecido: uma antologia poética (1957-2023). Hans Magnus Enzensberger (trad. Daniel Arelli).
O dia. Mailson Furtado.
O Kit de Sobrevivência do Descobridor Português no Mundo Anticolonial. Patrícia Lino.
Se o mundo e o amor fossem jovens. Stephen Sexton (trad. Ana Guadalupe).
Quimera. Prisca Agustoni.
Sílex. Eliane Marques.

PLAQUETES

A superfície dos dias: o poema como modo de perceber. Luiza Leite.
cova profunda é a boca das mulheres estranhas. Mar Becker.
Ranho e sanha. Guilherme Gontijo Flores.
Palavra nenhuma. Lilian Sais.
blue dream. Sabrinna Alento Mourão.
E depois também. João Bandeira.
Soneto, a exceção à regra. André Capilé e Paulo Henriques Britto.
Inferninho. Natasha Felix.
Cacto na boca. Gianni Gianni.
O clarão das frestas: dez lições de haicai encontradas na rua. Felipe Moreno.
Mostra monstra. Angélica Freitas.
é perigoso deixar as mãos livres. Isabela Bosi.

Para conhecer a coleção completa, assinar o clube e doar uma assinatura, acesse:
www.circulodepoemas.com.br

CÍRCULO
DE POEMAS

Este livro foi composto em GT Alpina e
GT Flexa e impresso pela gráfica Ipsis em
janeiro de 2025. Seus cabelos de cavalos
soltos são o norte em que me fixo.